Mijn tweetalige prentenboek
Kitabu changu cha picha cha lugha mbili

Sefa's mooiste kinderverhalen in één bundel

Ulrich Renz • Barbara Brinkmann:

Slaap lekker, kleine wolf · Lala salama, mbwa mwitu mdogo

Voor kinderen vanaf 2 jaar en ouder

Cornelia Haas • Ulrich Renz:

Mijn allermooiste droom · Ndoto yangu nzuri sana kuliko zote

Voor kinderen vanaf 2 jaar en ouder

Ulrich Renz • Marc Robitzky:

De wilde zwanen · Mabata-maji Mwitu

Een sprookje naar Hans Christian Andersen

Voor kinderen vanaf 5 jaar en ouder

© 2024 by Sefa Verlag Kirsten Bödeker, Lübeck, Germany. www.sefa-verlag.de

Special thanks to Paul Bödeker, Freiburg, Germany

All rights reserved.

ISBN: 9783756304202

Lezen · Luisteren · Begrijpen

wa-zuri	w-ema		wa	wangu	-o	upi	
m-zuri	mw-ema	u-	wa	wangu	-o	upi	
mi-zuri	my-ema	i-	ya	yangu	-yo	ipi	ming
zuri	jema	li-	la	langu	-lo	lipi	
mazuri	mema	ya-	ya	yangu	-yo	yapi	manp
kizuri	chema	ki-	cha	changu	-cho	kipi	
vizuri	vyema	vi-	vya	vyangu	-vyo	vipi***	ving
nzuri	nyema	i-	ya	yangu	-yo	ipi	
nzuri	nyema	zi-	za	zangu	-zo	zipi	ngap
mzuri	mwema	u-	wa	wangu	-o	upi	
mzuri	mwema	u-	wa	wangu	-o	upi	
kuzuri	kwema	ku-	kwa	kwangu	-ko	kupi	kun
nazuri	pema	pa-	pa	pangu	-po	wapi****	pa

Studenten van het Swahili ...

... vinden nuttige grammaticatabellen in de bijlage.

Veel plezier met het leren van deze prachtige taal!

Vertaling:

Jonathan van den Berg (Nederlands)

George Aclay Makasi (Swahili)

Luisterboek en video:

www.sefa-bilingual.com/bonus

Gratis toegang met het wachtwoord:

Nederlands: **LWNL2321**

Swahili: **LWSW2832**

Goedenacht, Tim! We zoeken morgen verder.
Voor nu slaap lekker!

Usiku mwema, Tim! Tutaendelea kutafuta tena kesho.
Sasa lala salama!

Buiten is het al donker.

Kwa sasa usiku umeingia.

Wat doet Tim daar?

Tim anafanya nini pale?

Hij gaat naar de speeltuin.

Wat zoekt hij daar?

Anaondoka kwenda kiwanjani kucheza.

Anatafuta nini pale?

De kleine wolf!

Zonder hem kan hij niet slapen.

Mbwa mwitu mdogo!

Hawezi kulala bila yeye.

Wie komt daar aan?

Sasa anakuja nani?

Marie! Ze zoekt haar bal.

Marie! Anatafuta mpira wake.

En wat zoekt Tobi?

Na Tobi, naye anatafuta nini?

Zijn graafmachine.

Mashine yake inayochimbua.

En wat zoekt Nala?

Naye Nala, anatafuta kitu gani?

Haar pop.

Mwanasesere wake.

Moeten de kinderen niet naar bed?

De kat is erg verwonderd.

Hivi watoto hawahitaji kwenda kulala sasa?

Paka anashangazwa sana.

Wie komt er nu aan?

Nani anayekuja sasa?

De mama en papa van Tim!
Zonder hun Tim kunnen zij niet slapen.

Ni mama na baba yake Tim.
Hawawezi kulala bila Tim wao.

En er komen nog meer! De papa van Marie.
De opa van Tobi. En de mama van Nala.

Wengine wanaendelea kuja! Baba wa Marie.
Babu wa Tobi. Na mama yake Nala.

Nu snel naar bed!

Sasa haraka mkalale!

Goedenacht, Tim!
Morgen hoeven we niet meer te zoeken.

Usiku mwema, Tim!
Hatutahitaji kutafuta tena zaidi.

Slaap lekker, kleine wolf!

Lala salama, mbwa mwitu mdogo!

Cornelia Haas • Ulrich Renz

Mijn allermooiste droom

Ndoto yangu nzuri sana kuliko zote

Vertaling:

Gino Morillo Morales (Nederlands)

Levina Machenje (Swahili)

Luisterboek en video:

www.sefa-bilingual.com/bonus

Gratis toegang met het wachtwoord:

Nederlands: `BDNL2321`

Swahili: `sorry, not yet available!`

Lulu kan niet slapen. Alle anderen zijn al aan het dromen – de haai, de olifant, de kleine muis, de draak, de kangoeroe, de ridder, de aap, de piloot. En het leeuwenwelpje. Zelfs de beer heeft moeite om zijn ogen open te houden …

Hé beer, neem je me mee in je dromen?

Lulu hawezi kulala. Wengine wote wanakuwa wanaota sasa – papa, tembo, panya mdogo, dragoni, kangaruu, shujaa, nyani, rubani. Na kitoto cha simba. Hata dubu ana shida kuendelea kufungua macho yake…

Dubu, je, utanipeleka kwenye ndoto yako?

En zo bevindt Lulu zich in berendromenland. De beer is vissen aan het vangen in Meer Tagayumi. En Lulu vraagt zich af: wie woont daarboven in de bomen?

Wanneer de droom voorbij is, wil Lulu nog meer beleven. Kom mee, laten we de haai bezoeken! Wat zou hij nu dromen?

Na kwa hilo, Lulu anajikuta ndani ya nchi ya ndoto ya dubu. Dubu anakamata samaki ndani ya ziwa Tagayumi. Na Lulu anashangaa nani anaweza kuishi huko juu ndani ya miti?

Ndoto inapokwisha, Lulu anataka kutafuta ujasiri mwingine. Haya, twende tumtembelee papa! Anaweza akawa anaota nini?

De haai speelt tikkertje met de vissen. Eindelijk heeft ook hij vrienden! Niemand is bang voor zijn scherpe tanden.
Wanneer de droom voorbij is, wil Lulu nog meer beleven. Kom mee, laten we de olifant bezoeken! Wat zou hij nu dromen?

Papa anacheza mchezo wa kugusana na samaki. Mwishoni anapata marafiki! Hakuna anayeogopa meno yake makali.
Ndoto inapokwisha, Lulu anataka kutafuta ujasiri mwingine. Haya, twende tumtembelee tembo! Anaweza akawa anaota nini?

De olifant is zo licht als een veertje en kan vliegen! Hij staat op het punt om te landen in de hemelse weide.
Wanneer de droom voorbij is, wil Lulu nog meer beleven. Kom mee, laten we de kleine muis bezoeken! Wat zou zij nu dromen?

Tembo ni mwepesi kama unyoya na anaweza kuruka! Yuko karibu kutua kwenye malisho ya anga.

Ndoto inapokwisha, Lulu anataka kutafuta ujasiri mwingine. Haya, twende tumtembelee panya mdogo! Anaweza akawa anaota nini?

De kleine muis is naar de kermis aan het kijken. De achtbaan vindt ze het leukste.
Wanneer de droom voorbij is, wil Lulu nog meer beleven. Kom mee, laten we de draak bezoeken! Wat zou hij nu dromen?

Panya mdogo anakuwa anaangalia kiwanja cha burudani. Anapenda zaidi treni ya burudani inayopita kwenye miinuko na miinamo mikali.

Ndoto inapokwisha, Lulu anataka kutafuta ujasiri mwingine. Haya, twende tumtembelee dragoni! Anaweza akawa anaota nini?

De draak heeft dorst van al het vuurspugen. Hij zou graag het hele limonademeer leegdrinken.

Wanneer de droom voorbij is, wil Lulu nog meer beleven. Kom mee, laten we de kangoeroe bezoeken! Wat zou zij nu dromen?

Dragoni ana kiu kwa kutema moto. Angependa kunywa ziwa lote la maji ya limau.

Ndoto inapokwisha, Lulu anataka kutafuta ujasiri mwingine. Haya, twende tumtembelee kangaruu! Anaweza akawa anaota nini?

De kangoeroe springt door de snoepfabriek en vult haar buidel. Nog meer gummibeertjes! En drop! En chocolade!
Wanneer de droom voorbij is, wil Lulu nog meer beleven. Kom mee, laten we de ridder bezoeken! Wat zou hij nu dromen?

Kangaruu anaruka kuzunguka kiwanda cha lawalawa na kujaza kifuko chake. Hata peremende nyingi za bluu! Na pipi vijiti! Na chokoleti!

Ndoto inapokwisha, Lulu anataka kutafuta ujasiri mwingine. Haya, twende tumtembelee shujaa! Anaweza akawa anaota nini?

De ridder is bezig met een taartgevecht met de prinses van zijn dromen.
Oeps! De slagroomtaart gaat ernaast!
Wanneer de droom voorbij is, wil Lulu nog meer beleven. Kom mee, laten we de aap bezoeken! Wat zou hij nu dromen?

Shujaa anakuwa na mchezo wa kurushiana keki na binti mfalme kwenye ndoto. Oo! Keki ya malai imekwenda njia isiyo yake!

Ndoto inapokwisha, Lulu anataka kutafuta ujasiri mwingine. Haya, twende tumtembelee nyani! Anaweza akawa anaota nini?

Eindelijk is er sneeuw gevallen in Apenland. De hele groep apen is door het dolle heen. Het is een echte apenkooi.
Wanneer de droom voorbij is, wil Lulu nog meer beleven. Kom mee, laten we de piloot bezoeken! Wat zou hij nu dromen?

Mwishoni theluji imeanguka katika nchi ya nyani. Kikosi chote cha nyani wakawa wazimu na kucheza kama mazuzu.

Ndoto inapokwisha, Lulu anataka kutafuta ujasiri mwingine. Haya, twende tumtembelee rubani! Anaweza akawa anaota nini?

De piloot vliegt verder en verder. Naar het einde van de wereld en nog verder, helemaal tot aan de sterren. Geen andere piloot heeft dat ooit gedaan. Wanneer de droom voorbij is, is iedereen al heel moe en willen ze niet meer zo veel beleven. Maar toch willen ze het leeuwenwelpje nog bezoeken. Wat zou zij nu dromen?

Rubani anaruka na kuruka. Mpaka mwisho wa dunia, na hata mbali zaidi, mpaka juu kwenye nyota. Hakuna rubani mwingine aliyeweza kufanya hivyo.

Ndoto inapokwisha, Lulu anataka kutafuta ujasiri mwingine. Haya, twende tumtembelee kitoto cha simba! Kinaweza kikawa kinaota nini?

Het leeuwenwelpje heeft heimwee en wil terug naar haar warme, knusse bed.
Dat willen de anderen ook.

En daar begint ...

Kitoto cha simba kina hamu kwenda nyumbani na kinapenda kurudi kwenye kitanda cha joto na starehe.
Hata na wengine.

Na hapa inaanza ...

... Lulu's allermooiste droom.

... ndoto ya Lulu nzuri sana kuliko zote.

Ulrich Renz • Marc Robitzky

De wilde zwanen

Mabata-maji Mwitu

Vertaling:

Christa Kleimaker (Nederlands)

Josephat William, Joel Muhire (Swahili)

Luisterboek en video:

www.sefa-bilingual.com/bonus

Gratis toegang met het wachtwoord:

Nederlands: **WSNL2121**

Swahili: **WSSW2832**

Ulrich Renz · Marc Robitzky

De wilde zwanen

Mabata-maji Mwitu

Een sprookje naar

Hans Christian Andersen

+ audio   + video

Nederlands — tweetalig — Swahili

Er waren eens twaalf koningskinderen – elf broers en een grote zus, Elisa. Ze leefden gelukkig in een prachtig kasteel.

Hapo zamani za kale kulikuwa na watoto kumi na wawili wa mfalme – wavulana kumi na mmoja na dada yao mkubwa, Eliza. Waliishi kwa furaha katika ngome nzuri.

Op een dag stierf hun moeder en een poosje later trouwde de koning opnieuw. Maar de nieuwe vrouw was een boze heks. Ze toverde de elf prinsjes om in zwanen en stuurde ze naar een vreemd land heel ver weg, aan de andere kant van het grote bos.

Siku moja mama yao alifariki, na muda fulani baadaye mfalme alioa tena. Hata hivyo, mke mpya alikuwa mchawi mbaya. Kwa uchawi aliwageuza watoto kumi na mmoja wa kiume wa mfalme kuwa mabata-maji, na kuwapeleka katika nchi ya mbali sana nje ya msitu mkubwa.

Ze kleedde het meisje in vodden en smeerde haar een zalfje op het gezicht dat haar zo lelijk maakte dat zelfs haar eigen vader haar niet meer herkende en haar uit het kasteel verjaagde. Elisa rende het donkere bos in.

Alimvalisha msichana matambara na alimpaka mafuta usoni ambayo yalimbadilisha kuwa mbaya sana kiasi kwamba hata baba yake alishindwa kumtambua, na alimfukuza nje ya ngome. Eliza alikimbilia kwenye msitu wenye giza.

Nu was ze helemaal alleen, en verlangde in het diepst van haar ziel naar haar verdwenen broers. Toen de avond viel maakte ze onder de bomen een bed van mos.

Sasa alikuwa peke yake kabisa, na kwa roho yake yote aliwatamani kaka zake waliopotea. Usiku ulipoingia, alijitengenezea kitanda cha nyasi laini chini ya miti.

De volgende ochtend kwam ze bij een stille vijver en schrok ze toen ze daarin haar eigen spiegelbeeld zag. Maar nadat ze zich had gewassen, was ze het mooiste koningskind onder de zon.

Asubuhi iliyofuata alipata ziwa tulivu, na alishtuka alipojiona katika maji. Lakini mara tu aliponawa, alikuwa binti mfalme mrembo sana kuliko yeyote duniani.

Na vele dagen bereikte Elisa de grote zee. Op de golven schommelden elf zwanenveren.

Baada ya siku nyingi Eliza alifika katika bahari kubwa. Manyoya kumi na moja ya mabata-maji yalikuwa yakielea juu ya mawimbi.

Toen de zon onderging, ruisde er iets in de lucht en elf wilde zwanen landden op het water. Onmiddellijk herkende Elisa haar elf betoverde broers. Maar omdat ze de zwanentaal spraken, kon zij hen niet verstaan.

Jua lilipozama kulikuwa na mvumo wa sauti hewani, na mabata-maji mwitu kumi na mmoja walitua majini. Eliza mara moja aliwatambua kaka zake waliorogwa. Lakini kwa sababu waliongea lugha ya mabata-maji alishindwa kuwaelewa.

Overdag vlogen de zwanen weg, maar 's nachts vlijden de broers en zus zich in een grot tegen elkaar aan.

In een nacht had Elisa een vreemde droom: Haar moeder vertelde haar hoe ze haar broers kon bevrijdden. Ze moest voor iedere zwaan een hemdje van brandnetels breien en het dan over hem heen werpen. Tot die tijd mocht ze geen woord spreken, want anders zouden de broers sterven.
Elisa ging gelijk aan het werk. Hoewel haar handen brandden als vuur, breide ze onvermoeid door.

Wakati wa mchana mabata-maji waliruka mbali, na wakati wa usiku walijikunyata pamoja na Eliza katika pango.

Usiku mmoja Eliza aliota ndoto ya ajabu: Mama yake alimwambia jinsi ambavyo angeweza kuwatoa kaka zake kutoka hali ya uchawi. Anapaswa kufuma mashati kwa kutumia upupu unaowasha, kisha kuyatupia juu ya kila bata maji. Hata hivyo, hadi wakati huo alikuwa haruhusiwi kuongea neno lolote, vinginevyo kaka zake wangekufa.
Eliza alianza kufanya kazi mara moja. Ingawa mikono yake ilikuwa inawasha kama vile ilikuwa motoni, aliendelea kufuma bila kuchoka.

Op een dag klonken er in de verte jachthoorns. Een prins met zijn gevolg kwam aangereden en stond al snel voor haar. Toen ze elkaar in de ogen keken, werden ze verliefd.

Siku moja mabaragumu ya wawindaji yalisikika kwa mbali. Mwana mfalme akiongozana na msafara wake alikuja akiendesha farasi, na mara alisimama mbele yake. Walipoangaliana machoni, walipendana.

De prins tilde Elisa op zijn paard en reed met haar naar zijn kasteel.

Mwana mfalme alimnyanyua Eliza na kumweka juu ya farasi wake kisha walikwenda pamoja kwenye ngome yake.

De machtige schatbewaarder was over de aankomst van het stomme meisje helemaal niet blij. Zijn eigen dochter zou de bruid van de prins moeten worden.

Mtunza hazina mwenye nguvu hakufurahishwa kabisa na kuwasili kwa msichana mrembo mkimya. Binti yake mwenyewe alitarajiwa awe mchumba wa mwana mfalme.

Elisa was haar broers niet vergeten. Iedere avond werkte ze verder aan de hemdjes. Op een nacht sloop ze naar het kerkhof om verse brandnetels te plukken. Daarbij had de schatbewaarder haar in het geheim gade geslagen.

Eliza alikuwa hajawasahau kaka zake. Kila jioni aliendelea kufanya kazi ya kufuma mashati. Usiku mmoja alikwenda makaburini ili kukusanya upupu mpya. Wakati akifanya hivyo, alikuwa anatazamwa kwa siri na mtunza hazina.

Zodra de prins op jacht was, liet de schatbewaarder Elisa in de kerker gooien. Hij beweerde dat zij een heks was die 's nachts andere heksen ontmoette.

Mara tu mwana mfalme alipoondoka kwa safari ya kuwinda, mtunza hazina aliamuru Eliza atupwe gerezani. Alidai kwamba yeye alikuwa mchawi ambaye anakutana na wachawi wengine wakati wa usiku.

Bij het aanbreken van de dag werd Elisa door de bewakers opgehaald. Ze zou op de markt worden verbrand.

Alfajiri, walinzi walikuja kumchukua Eliza. Alipaswa kufa kwa kuchomwa moto kwenye uwanja wa jiji.

Nauwelijks waren ze daar aangekomen toen plotseling elf witte zwanen aangevlogen kwamen. Snel gooide Elisa iedere zwaan een brandnetel-hemdje over. Al gauw stonden al haar broers als mensen voor haar. Alleen de kleinste, wiens hemdje nog niet helemaal klaar was, had nog een vleugel in plaats van een arm.

Mara tu alipofika pale, ghafla mabata-maji weupe kumi na mmoja walikuja wakiruka kuelekea kwake. Eliza kwa haraka alimtupia kila mmoja wao shati. Muda mfupi baadaye kaka zake wote walisimama mbele yake wakiwa katika hali ya ubinadamu. Mdogo sana tu, ambaye shati lake lilikuwa bado halijamalizika vizuri, alikuwa na bawa badala ya mkono mmoja.

Het omhelzen en kussen van de broers en zus was nog niet afgelopen toen de prins terugkeerde. Eindelijk kon Elisa hem alles uitleggen. De prins liet de boze schatbewaarder in de kerker gooien. En daarna werd er zeven dagen lang bruiloft gevierd.

En ze leefden nog lang en gelukkig.

Kabla kaka na dada hawajamaliza kukumbatiana na kubusiana kwa shangwe mwana mfalme alirejea. Hatimaye Eliza aliweza kumweleza kila kitu. Mwana mfalme aliamuru mtunza hazina mbaya atupwe gerezani. Baada ya hapo harusi ilisherehekewa kwa siku saba.

Na waliishi kwa furaha muda wote.

Hans Christian Andersen

Hans Christian Andersen werd 1805 in de Deense stad Odense geboren en overleed in 1875 te Kopenhagen. Door de sprookjes zoals "De kleine zeemeermin", "De nieuwe kleren van de keizer" of "Het lelijke eendje" werd hij wereldberoemd. Dit sprookje, "De wilde zwanen", werd voor het eerst in 1838 gepubliceerd. Het werd sindsdien in meer dan honderd talen vertaald en in vele versies o.a. ook voor het theater, film en musical bewerkt.

Barbara Brinkmann werd geboren in 1969 in München (Duitsland). Ze studeerde architectuur in München en is momenteel werkzaam bij de faculteit Bouwkunde van de Technische Universiteit van München. Ze werkt ook als grafisch ontwerper, illustrator en auteur.

Cornelia Haas werd geboren in 1972 in Ichenhausen bij Augsburg (Duitsland). Ze studeerde design aan de Hogeschool van Münster, waar ze als ontwerpster afstudeerde. Sinds 2001 illustreert ze boeken voor kinderen en jongeren en sinds 2013 doceert ze acryl- en digitale schilderkunst aan de Hogeschool Münster.

Marc Robitzky, geboren in 1973, studeerde aan de technische kunstschool in Hamburg en de Academie voor Beeldende Kunsten in Frankfurt. Hij werkte als zelfstandig illustrator en communicatie designer in Aschaffenburg (Duitsland).

Ulrich Renz werd geboren in 1960 in Stuttgart (Duitsland). Hij studeerde Franse literatuur in Parijs en geneeskunde in Lübeck, waarna hij als directeur van een wetenschappelijke uitgeverij werkte. Vandaag de dag is Renz freelance auteur en schrijft hij naast non-fictie ook boeken voor kinderen en jongeren.

Swahili Noun Class Table (I)

Bantu Noun Class	Person		Subject prefix	Subject prefix negative	Subject / Object Prefix	Possessive pronoun ("my", "your" ...)	"all"
1	1st sing.	mimi	ni	si	ni	-angu	—
1	2nd sing.	wewe	u	hu	ku	-ako	—
1	3rd sing.	yeye	a	ha	m	-ake	—
2	1st plur.	sisi	tu	hatu	tu	-etu	(sisi) sote
2	2nd plur.	nyinyi, ninyi	m	ham	wa / -eni*	-enu	(nyinyi) nyote
2	3rd plur.	wao	wa	hawa	wa	-ao	(wao) wote

* Because -wa is also the object prefix of the 3rd person plural, the suffix -eni is frequently appended for disambiguation

Swahili Noun Class Table (II)

Bantu Noun Class	Class Descriptor	Noun (Example)	Adjective (-zuri)	Adjective (-ema)	Subject / Object Prefix	Genitive preposition (-a)	Possessive -angu -ako -ake -etu -enu -ao	Relative morpheme	-pi? (Which?)	-ngapi? (How many?)
1	m-wa	m-toto	m-zuri	mw-ema	a-/yu-*	wa	wangu	-ye	yupi	/
2	m-wa	wa-toto	wa-zuri	w-ema	wa-	wa	wangu	-o	wepi**	wangapi
3	m-mi	m-ti	m-zuri	mw-ema	u-	wa	wangu	-o	upi	/
4	m-mi	mi-ti	mi-zuri	my-ema	i-	ya	yangu	-yo	ipi	mingapi
5	(ji)-ma	jina	zuri	jema	li-	la	langu	-lo	lipi	/
6	(ji)-ma	ma-jina	mazuri	mema	ya-	ya	yangu	-yo	yapi	mangapi
7	ki-vi	kitabu	kizuri	chema	ki-	cha	changu	-cho	kipi	/
8	ki-vi	vitabu	vizuri	vyema	vi-	vya	vyangu	-vyo	vipi***	vingapi
9	n	habari	nzuri	nyema	i-	ya	yangu	-yo	ipi	/
10	n	habari	nzuri	nyema	zi-	za	zangu	-zo	zipi	ngapi
11	u (concrete)	usiku	mzuri	mwema	u-	wa	wangu	-o	upi	/
14	u (abstract)	umoja	mzuri	mwema	u-	wa	wangu	-o	upi	/
15	ku	kusoma	kuzuri	kwema	ku-	kwa	kwangu	-ko	kupi	kungapi
16	pa	mezani	pazuri	pema	pa-	pa	pangu	-po	wapi****	pangapi
17	ku	mezani	kuzuri	kwema	ku-	kwa	kwangu	-ko	kupi	kungapi
18	mu	mezani	mzuri	mwema	m(u)-	mwa	mwangu	-mo	mpi	mngapi

* e.g., yu- can be seen in the locatives (yupo, yuko, yumo) or demonstratives (huyu, yule). The negative form of yu- is formed regularly (ha-).

** The irregular form *wepi* is used to avoid clashes with the word *wapi* meaning "where".

*** "vipi" is also used as an adverb meaning "how"

**** occasionally: papi

Swahili Noun Class Table (III)

Bantu Noun Class	Class Descriptor	Noun (Example)	Demonstrative pronoun (proximal)	Demonstrative pronoun (medial)	Demonstrative pronoun (distal)	-enye ("having")	-enyewe ("self")	-ote ("all")	-o-ote ("any")
1	m-wa	m-toto	huyu	huyo	yule	mwenye	mwenyewe	—	yeyote
2		wa-toto	hawa	hao	wale	wenye	wenyewe	wote	wowote
3	m-mi	m-ti	huu	huo	ule	wenye	wenyewe	wote	wowote
4		mi-ti	hii	hiyo	ile	yenye	yenyewe	yote	yoyote
5	(ji)-ma	jina	hili	hilo	lile	lenye	lenyewe	lote	lolote
6		ma-jina	haya	hayo	yale	yenye	yenyewe	yote	yoyote
7	ki-vi	kitabu	hiki	hicho	kile	chenye	chenyewe	chote	chochote
8		vitabu	hivi	hivyo	vile	vyenye	vyenyewe	vyote	vyovyote
9	n	habari	hii	hiyo	ile	yenye	yenyewe	yote	yoyote
10		habari	hizi	hizo	zile	zenye	zenyewe	zote	zozote
11	u (concrete)	usiku	huu	huo	ule	wenye	wenyewe	wote	wowote
14	u (abstract)	umoja	huu	huo	ule	wenye	wenyewe	wote	wowote
15	ku	kusoma	huku	hucho	kule	kwenye	kwenyewe	k(w)ote	k(w)okote
16	pa	mezani	hapa	hapo	pale	penye	penyewe	pote	popote
17	ku	mezani	huku	hucho	kule	kwenye	kwenyewe	k(w)ote	k(w)okote
18	mu	mezani	humu	humo	mle	mwenye	mwenyewe	m(w)ote	m(w)omote

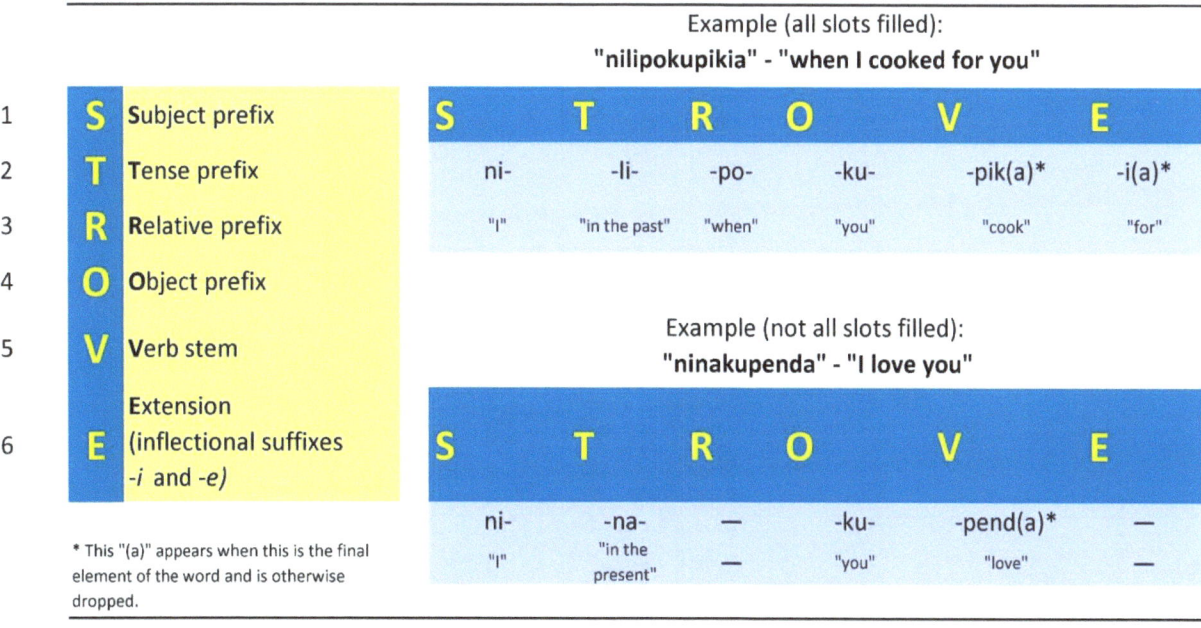

Swahili - Order of morphemes ("infixes")

1	S	Subject prefix
2	T	Tense prefix
3	R	Relative prefix
4	O	Object prefix
5	V	Verb stem
6	E	Extension (inflectional suffixes -i and -e)

* This "(a)" appears when this is the final element of the word and is otherwise dropped.

Example (all slots filled):
"nilipokupikia" - "when I cooked for you"

S	T	R	O	V	E
ni-	-li-	-po-	-ku-	-pik(a)*	-i(a)*
"I"	"in the past"	"when"	"you"	"cook"	"for"

Example (not all slots filled):
"ninakupenda" - "I love you"

S	T	R	O	V	E
ni-	-na-	—	-ku-	-pend(a)*	—
"I"	"in the present"	—	"you"	"love"	—

Hou je van tekenen?

Hier vindt je alle illustraties van het verhaal om in te kleuren:

www.sefa-bilingual.com/coloring

www.ingramcontent.com/pod-product-compliance
Lightning Source LLC
LaVergne TN
LVHW070439080526
838202LV00035B/2668